우리 가족 – Noel

라일락, 그 향기
The scent of lilac

이 명 희 시집

호맥

라일락, 그 향기

저자의 말

시집을 내면서

詩는
인간 내면의
그림이며
맑은 영혼의 노래다
또한
삶의 본질
그
사랑을 찾아가는
숭고한 여정이며
그, 길을
비추는 등불이고
 기도다

2025년 가을에
저자 이 명 희

차례
· · ·
1

제1부
더 큰 자의 기도

더 큰 자의 기도	12
Easter egg	13
반석 48년, 소망 교회	14
사랑, Amazing!	16
첫 날의 기도	18
감사!	20
그 안에 빛이	21
니체의 사랑	22
시간의 비밀	24
바벨탑	26
추수 바람이 분다	28
글로리 God Jul—!	29
그리운 사람들	30
그 사랑	32
감사함으로	33
더불어 춤을	34
The Power	35
하루	36
구름 또한 강물인 것을	37
사슴뿔에 돋은 홍매화	38

차례 · · 2

제2부
라일락 꽃 그 향기

라일락 꽃, 그 향기	40
향기, 그 11월	41
축배	42
초원의 장미	43
오래된 램프	44
봄의 멜로디	45
5월의 꽃	46
새로운 태양	47
2020 가을	48
Long, Long Ago	50
웨딩	51
가을이 가는 소리	52
겨울 소녀	53
겨울, 안녕!	54
겨울에도 꽃은 핀다	55
겨울의 침묵	56
기다리는 가을	57
눈이 내리는 겨울이 와도	58
에스프레소	59
뛰는 가슴	60

차례 · · 3

제3부
큰오빠

큰오빠	62
도시의 천국	64
포도주 병	65
태양과 키스	66
청보리	67
어디로 가야 하나	68
아침 인사	69
아직은……	70
생명, 그 힘	71
새가 되어	72
살아난 4月	73
별들의 전쟁	74
별과 숟가락	76
door, 없는 봄	77
그 깃발이…	78
3月의 기도	80
먼지	82
돌미나리	83
Santa Claus	84
공해公害	86

차례 · · 4

제4부
핀란드

핀란드	88
함브루크의 4월	90
쿠바의 햇살	92
블룸즈버리	93
파수꾼의 조명	94
5월의 窓	95
수레바퀴 꽃	96
새장 안에서……	97
사슴 마차	98
빈티지 낭만	99
봄의 변주곡	100
밤의 이방인	101
바람의 시	102
美國과 米國	103
모래꽃	104
멕시코 사람들	105
동이 트는 그리스	106
허공의 악수	107
총과 사랑	108
푸른 박새	109

제1부
더 큰 자의 기도

더 큰 자의 기도
Easter egg
반석 48년, 소망 교회
사랑, Amazing!
첫 날의 기도
감사!
그 안에 빛이
니체의 사랑
시간의 비밀
바벨탑

추수 바람이 분다
글로리 God Jul—!
그리운 사람들
그 사랑
감사함으로
더불어 춤을
The Power
하루
구름 또한 강물인 것을
사슴뿔에 돋은 홍매화

더 큰 자의 기도

높은 곳에 이를 때에
낮은 곳을 보게 하소서

좋은 기억으로
나쁜 기억을
지우게 하소서

가슴을 넓혀
만물을 포용하게 하소서

해친 자, 그를
용서할 수 있는 힘과 용기를 주소서

악이 악을 낳는
우매한 자가 되지 않게 하소서

사랑과 덕으로
세상을 이기게 하소서

너도 나도 여기, 이 생명 있음은
오직
주의 십자가, 그 용서임을 알게 하소서

Easter egg

네카 강변
헤르만 헤세 유리창에
그려진 무지갯빛
Easter egg
굿 모닝!

— 물고기 있느냐?
— 없나이다
— 다시 그물을 던져라!
　밤새 언 몸, 그 제자들
— 자, 조반을 먹어라
　숯불 떡과 생선—
— 시몬아, 네 물고기도 갖고 오라
— ???…… 153마리—!
— 주여, 다시 사신 Jesus!
— 내 잔이 넘치나이다

Ostern feier!
헤세의 문을
두드리는
부활의 주님
아—멘!
어서 오시옵소서

반석 48년, 소망 교회

하늘은
빛을 쏟아부었다

들판
작은 집 창문은
파란 하늘을 열었다

소망! 그 소망이
종을 울렸다
폭포처럼

이제
반석 48년, 소망 교회
샘물은 넘쳐흘러서
도시를 적셨다

아,
그것은 주님의 세례!

성령이 비둘기처럼 내려와
7만 성도를 품고
힘찬 날갯짓으로

우주를 나는도다

초석礎石을 놓은 자
미쁘신 이여
그 선 자리가
어찌 그리 아름다운지요

이제는 사랑!
그 기둥을 세워 가는 자

땀이여
살을 에이는 아픔이여
아!
진주의 광채를 보리니

기도하는 손이여
사랑이여
소망의 깃발을 들라

사랑, Amazing!

사랑, 그
Amazing!

물이
포도주로 변하는
혼인 잔치

시골 마을
가나
이스라엘 이야기

"어쩌나
술이 떨어져
손님들……?

아들을 쳐다보는
어머니
마음을 들은

아들 예수!

그, 효성에

물이
붉은 포도주가 되었네

첫 날의 기도

어제를
잘 보냈으니
오늘 또한
찬란한 태양!

Happy New Year!

건강과
열정, 그
푸른 솔잎과
빨강 카네이션으로
식탁을 장식하고
설날 아침상을 차린다

새해를
맞이하는 준비
그 하나하나는
감사요
깊은 기도다

새로운
마음, 해야 할

일이 생각나게 하시고
그
일을 할 수 있게 하소서

하늘의 지혜로……
사랑으로—!

감사!

인류가
무엇을 버리고
무엇을 사랑해야 하는지
가려서 알게 하신
하나님!
천하를 얻고도
生命을 잃으면, 다—
무슨 소용이 있으리오
그 한마디를
뒤로하고
더 많은 소욕을 위하여
허공을 날아다니며
사랑, 그 생명이
사라져 가는 것을
몰랐던 날들—
2020년
확—, 깨닫게 하신
하나님,
감사합니다!
지금,
여기까지 인도하신
당신을
사랑합니다

그 안에 빛이

당신의
옷자락에
스치는 그 바람이
치유의 몰약인 것을
어리석은 절망
그 신음 소리 들으며
눈물을 흘리시는 당신
그 사랑 있어
오늘도
사람 없는 거리를
혼자 걸어갑니다
어둠이 내려도
그 안에
빛, 당신이 계시니
아,
살아나는
생명, 그 빛이여!

니체의 사랑

철학의 미로에서
길을 잃은
니체의 사랑

그 절대 사랑을
찾아 나선 끝없는 길

가을 해질녘
무거운 짐을 지고 쓰러진
사막의 노새

니체는 그 목을 안고 흐느껴 운다

"어머니, 나는 바보였어요."

사제司祭에게서 예수의 사랑을 보려 한 나는……

가도 가도 답이 없는
철학, 그 카오스

지친 니체
눈동자에는

측은한 노새가……

아—, 사랑!
"신은 살았어요."

시간의 비밀

그럼에도……
내일이 기다려지는
이 마음은
신의 선물이다

숨막히는
오늘을 견디게 하는, 그
풀뿌리 한 줄기

잎이 하나씩
떨어져 가는 가을 나무
그, 가지 사이로
드러나는 하늘은
어찌, 그리도 짙푸른가

하루는 길고
일 년은 짧은
시간의 비밀, 또한
신의 섭리인가

미래가 있어
삶은

이어지는 그리움

살아 있음에
바람도
태양도
포옹하리라

바벨탑

이 시대,
바벨탑 AI
글도 짓고, 다—
되는 줄 알았지

'사람은 기계다'
그 과학자……

생명 공학
우주 과학
복제 양까지—
하늘을 치받는
그
착각, 오만

C 바이러스
아는가
지능 로봇이여

하늘 위에
하늘을 아는가

겨우
4% 우주 지식
던져 버리고

돌아와
기도하라!
생명!
그,
主人에게

눈을 열어
백신을
보게 하소서

추수 바람이 분다

붉어지는 가을 잎
보헤미안 우수
낯선 프라하, 그
St. 비투스 대성당
스테인드글라스에
새겨진 비밀
하늘과 땅, 그 창조
災害에서
구해 주는 천사들
그 금빛 날개 아래
씨를 뿌리고
거두는
추수 바람이 분다

글로리 God Jul*ㅡ!

파란 별빛이 내리는
겨울
베들레헴

멀어서
별, 그 길을 따라온
동방 박사

그 빛!
아기 예수

예물을 드리는
그
품고 온 몰약

열리는 밤하늘에
들려오는 찬양
그 은빛 천사들

평화가 내리는
God Julㅡ!

* God Jul(스웨덴어)=Merry Christmas

그리운 사람들

하늘만 바라보며
하늘만 바라보며
사는
나날입니다

나무를 보며
나무를 보며
태초의
풀꽃을 보며 사는
나날입니다

그 어느 날 밤보다
총총히 빛나는
파란 별이 보이는
나날입니다

해가 지고
달이 뜨는
하늘에
날아다니는 새들이

그
창조의 비밀을
노래합니다

사슴들이
뛰어노는 동산에
사람을
사람을 보내 주소서

그 사랑

한 줄의 詩로
우주를 채울 수 있는 것은
사랑이다

풀과 나무
태양과 구름
소나기와 눈보라

달빛이 별빛이
아름다운 것은
Kingdom of God

그분은
사랑―!
그 시로
우주 만상을 지으셨으니
우주는
詩요
과학이 아니다

감사함으로

나무는
바람으로 춤을 추고

숲은
새들로 노래하며

사람은
감사함으로
춤추고 노래한다

나뭇잎 사이로 보이는
하늘은
더 푸르러

아——
그 빛은
Blue Sapphire

더불어 춤을

8월은
더불어 춤추게 하소서

태양을
두르고 바다를 타게 하소서

맨발로
은빛 모래 걷게 하소서

그렇게
그렇게
사랑하게 하소서

해가 뜨고
지는 노을을
더불어 보게 하소서

The Power

하늘과
바다가 닿은
그곳, 수평선
바람은
하늘 높이 흰 돛을 띄우고

또 다른 태양은
그 수면에
만 가닥 무지개 색 빛살을 쏜다

폭풍은, 그냥
하늘 아래 바람일 뿐

아, 수면水面을 운행하는, 그 파워!
하나님을 보라!
Moving Over the Water……

하루

노래로 눈을 뜨고
노래로 기도하며
노래로 샤워한다

음악으로 커피를 마시고
음악으로 사색을 하고
음악으로 글을 쓴다

그 하루하루는

감사로 휴식하며
감사로 세상을 보고
감사로 사랑을 한다

아, 하루
그 벅찬 시간
25시!

2020년
그만
바이러스 C는, 떠나라!

구름 또한 강물인 것을

그래도
江은 푸르고
구름 또한 강물인 것을
없어도
있는 하늘
그 기도
달아오른
모래밭을 적시는
한 줄기 소나기
그 생명은
맑은——
공기 바람 풀
그
태양인 것을……!

사슴뿔에 돋은 홍매화

매화가
눈을 뜨니
눈송이도 꽃인 듯
화사하구나

무심히
겨울 가지에 맺힌
홍매화 두 송이
봄바람이 인다

가고 오는 계절이듯
사랑 또한
자연인 것을……

아,
겨울이
잉태한 봄이여

사슴뿔에
돋은
진홍빛 매화를 보는가

제2부
라일락 꽃, 그 향기

라일락 꽃, 그 향기
향기, 그 11月
축배
초원의 장미
오래된 램프
봄의 멜로디
5월의 꽃
새로운 태양
2020 가을
Long, Long Ago

웨딩
가을이 가는 소리
겨울 소녀
겨울, 안녕!
겨울에도 꽃은 핀다
겨울의 침묵
기다리는 가을
눈이 내리는 겨울이 와도
에스프레소
뛰는 가슴

라일락 꽃, 그 향기

라일락
그 향기는
누구의 가슴에나 있다

날아오르는
새들의
금빛 날개에 이는

저
파란
바람처럼……

향기, 그 11月

커피색보다 깊은
향기, 그 11月

머—언 여로—!
날아온 그 친구

"……" 우리는
한 조각
하얀 각설탕에
스며드는 커피 향을 마신다

나뭇잎이 빛나던
그 태양의 계절
맑은 바람을 기억하며
그렇게……
행복한 그, 11월은
가을의 詩다

축배

국외에서
날아 온 이메일, 그
친구의 찬란한
수상 소식!
그 기쁨은
연이 되어 하늘 높이 솟아올랐다
한 잔의
샴페인, 그 거나한
축배!
오늘은 물리적 거리가 실감되는 날이다
눈빛보다
강한 언어가 있을까
마주칠 수 없는
Cheers――!
아, 솟아라 솟아라
나의 친구, 그
연이여, Congratulations

초원의 장미

첫사랑은
영원한 현재다

태양은
초원에 장미를 피우고

바람은
호수를 거닌다

언제나
새들은 나무에서 노래하고

양털 구름은
시간을 포옹한다

첫사랑은
영원한 현재다

오래된 램프

가을 문을
두드리는 가랑잎

우산을 받은 그가
젖은 낙엽을 밟으며
다가왔다

바람에
오래된 램프가 흔들린다

엷은 빛
그 미소가 번져 가는
가을 저녁

비의
노래를 듣는다

봄의 멜로디

여인의 품에서
하프는
36현의 칵테일 선율
우아한 곡선의 목
그 공명의 향기
장미색 C絃, 그 옥타브
Soundboard―!
굵은 현의 저음
그 봄날의 멜로디는
한 옥타브 높인
음향의 절정!
초록빛 정원에
꽂힌
금빛 태양
그 축배!
푸치니 스파클링 와인 축제여―!
그건
하늘이 내린 멜로디―!

5월의 꽃

사랑의 언어로
다가오는
5월의 꽃
카네이션
라일락 그리고
붉은 장미
그 향기의 숨결이
건반을 두드린다
푸른 잎에서
꽃잎
꽃술에 내리는 이슬은
사랑의 선율
어쩌다
말하지 못한
"사랑……!"을
꽃으로 전하는
아, 그
Mayflower여!

새로운 태양

태양이
새 빛으로
유리문을 열고 들어왔다

황금빛으로
머리를 빗고
샤워 향기 젖은 채
무지개를 걸쳤다

째 재—잭
새들은
부리를 부비며

Cheers!

2021, 첫날
그
축복을 나른다

2020 가을

그게 다
무슨 소용이지
지금 이 순간이
천하보다 더 소중한 것을

너와
내가 살아 있는
이 시간이
행복, 그 전부인 것을

음성보다
더 진한 이메일
글자 하나하나가
살아나서
걸어다니는 거리거리

발길은
낙엽 소리 들리는
가로등 그림자 저편
너의 눈빛, 또한
별이 되어

공간을 지우고
다가오는
너와 나의
기억의 조각들
그보다
아름다운 詩가 있을까

너와
내가 살아 있는
이 순간이
행복, 그 전부인 것을……

Long, Long Ago

여름밤
하늘에 뜨는 별은
Long, Long Ago
친구의 노래

강물에
흔들리는 하얀 달빛

바람에 스치는
水草의 향기

모래밭을
거닐던 젖은 발걸음

마른 목을 적셔 주던
메타 코크, 그
샤이한 Remember!

그 여름밤은
영원한 현재다

웨딩

5月엔
웨딩마치가 들린다

라일락이
엷은 바람이
그리고
제비꽃 잔디
그 촉감이
한 발— 한 발
내딛는 종소리

그 기념일은
그렇게
꽃병에 꽃을 꽂는다

가을이 가는 소리

가을이 영그는
감나무
가지 끝에

한 줄기
바람이 휘—익
원을 그리면

미소로
꽉—찬
동그란 얼굴

달이 뜬
지붕 위에
살풋 까치발

툭—!
홍시 한 알
가을이 가는 소리

겨울 소녀

겨울을 여미고
꽃을 든
소녀가 봄 길을 간다

아지랑이 설레는
풀빛
자잘한 꽃 풀섶

촉촉이
스며드는 향기에
소녀는 꽃이 된다

겨울, 안녕!

또
다시 봄은 오고
꽃이 피면
겨울은, 안녕!

나무는
눈을 뜨고

대지大地의
숨결은 연둣빛

수줍은
뽀얀 수선화

아,
사랑은
또
다시 봄 수레를 타고―!

겨울에도 꽃은 핀다

백설에
눈 뜬 매화

분홍빛
눈꽃 송이

파랑새
날아드니

바람은
봄을 찾아

서둘러
2月을 간다

겨울의 침묵

그
가을에
만나고
헤어시던 날

산은
붉은 단풍을 쏟아 내렸지

빈 가지에
나리는
첫눈은
긴
겨울의 침묵

한 줄기
그 바람이
잔설殘雪을 헤치고
봄
그 눈을 본다

여름이 오고
또 다시
가을이 오는—!

기다리는 가을

샹송—
그 가을에 오는 친구
그것은
누구에게나 로망
붉힌 나뭇잎
느리게
오는 가을!

눈이 내리는 겨울이 와도

누구의
가슴에나
한 송이 장미, 紋章은 있다

시들지 않는
마음으로
볼 수 있는 꽃

때로는
아련하게—

어쩌면
더 붉게 피어오르는 장미

가을이 가고
눈 내리는 겨울이 와도

흰
동화에서
한 송이 장미는

그렇게
영원히 살아 있으리라

에스프레소

한 잔의
에스프레소에
그
가을을 젖는다

추억보다 진한
너와
나의 이야기는
언제나
유리병 안의 향수

그건
피울 수 없는
쿠바의 시가
이름만으로 향기로운
금연의 눈빛

그
짙은
가을을 간다

뛰는 가슴

창가에
새 한 마리

갸웃이
서성이다

포르르
날아드니

어쩌랴
뛰는 가슴

오오라
사랑이라!

제3부
큰오빠

큰오빠
도시의 천국
포도주 병
태양과 키스
청보리
어디로 가야 하나
아침 인사
아직은……
생명, 그 힘
새가 되어

살아난 4월
별들의 전쟁
별과 숟가락
door, 없는 봄
그 깃발이…
3월의 기도
먼지
돌미나리
Santa Claus
공해公害

큰오빠

큰오빠 거는……?
뭐…… 나는

큰애야
네 몫은……?
저야 뭐……

그렇게
늘 동생들에게만
다 주면…… 넌?

저야 뭐……
괜찮아요

한국전쟁!

큰오빠가
전쟁터로 떠나는 날

엄마는
문고리에 매달려
대성통곡

문 곁에 놓인
노란 쌀가마 보고

우린 펑펑 울었다

큰오빠는
死地를 향해 가는 날도
식구들 굶을까 먼저
양식 걱정

큰오빠 뒷모습!

어찌
이런 땅에서
그렇게

형제끼리 싸우는
슬픈 날이 온 것일까

큰오빠, 구십 평생
형제 사랑
그 기도, 빈손—

이제는
저 높고 푸른
하늘 평화 누리소서

도시의 천국

빌딩
그, 벽에 비낀
노을은 금빛이다

거리의 사람들은
광고판을 걸어가는
뉴 노멀 캐릭터

지평선地平線이, 그
한 조각 태양을
삼키는 순간

도시는
눈을 뜬다
인공 조명으로……

밤을 잊은 사람들―!

지치지 않는 LED
그 현란한 조명 속에서
도시의 천국을 본다

포도주 병

누워 있는
포도주 병들, 그
농익은 색깔
빈티지 향이
혼자 숨을 삼키고 있다
좋은 날마다
선물 받은
시간의 빛이
이제는 서러운 침묵
어느 하루도
축배를 들 수 없던
2020년—!
지금도 알 수 없는
시간의 무표정
와인, 그 병마개를 따는 일이
그렇게
특별한 걸 몰랐다

태양과 키스

바람은 창문을 열고
창문은 바람을 포옹한다
덩달아 들어온
태양이
이마에 키스를 한다
파란 하늘을 떠가는
한 조각 흰구름에서
바다의 포말을 듣는다
철석이는 소금바람
어느새 수평선에 돋은 별은
뻔한 메가 그리움!
북극별과
남극 별빛은 달라도
눈빛은 같다

청보리

청보리
바람 일어
허기를 달래 주는 밭두렁
찔래꽃 붉다 한들
한 뙈기 보리밭만 하겠는가
하품하는 황소 등에
척―! 한 단 보릿단
돌아오는 그날은
석양도 배부르다
어 허 허―
한 됫박 쌀보리면
오순도순
저녁 밥상
부러울 게 무엇인가

어디로 가야 하나

봄이라
나뭇가지 치기를 하더니
새가 날아들지 않네
어쩌다
찾아온
새 한 마리
이리
저리 가지마다
옮겨 다니며
짹— 짹—
썰렁한 바람에
갸웃거리는 작은 눈빛
"어디로 가야 하나?"
아,
둥지 틀 곳은 어디인가

아침 인사

나무와
마주보는 일상
소나무와 전나무가
굿 모닝!
아침 인사를 한다
맑은 공기 한 줌 물고
새들이 날아간다
나무마다 기대어 핀
꽃들의 웃음소리
유리문에 비친
사람들
어항 속 금붕어
방울방울 숨소리
그 무지개가 뜬다

아직은……

태양은
아직도 뜨거운데
구름에 걸친 바람은
나뭇잎을 흔든다
어느새
여름이 떠날 채비를 하는 것인가
그럴 리가……
더위 먹은 숲이 무거워서겠지
그래도
라디오에서 흘러나오는
스콧 맥켄이 부르는
If you come to San Francisco—
그 여름의 팝송은
8월이 가도
'기억의 지속' 안에
살아 있으리라

생명, 그 힘

어쩌다
묻어 온 풀 냉이
한 줄기

찔레꽃
틈새에서
시든—

가녀린 한 줄기
무심히
유리잔에 꽂았네

아!
어느새
연두빛 허리 세워
희끗이 피어난 냉이 꽃
아—
생명, 그 힘
자연이여!

새가 되어

새가 되어
날아간
그 시인의
잃어버린 미소를 본다
그리고
모과차를 마신다
인사동 14길
그 길지 않은 골목에는
오늘도
바람이 쉬어 간다

살아난 4月

춤추는
4月의 대지는
꽃들의 노래

움츠렸던
나뭇가지마다
푸른 잎 물결

악의 꽃은
동토에 잠들고

그 묘지에는
표석도 없네

하늘은
새로운 大地에
봄비를 내리고

활짝 핀 라일락은
이 땅의 월계관!

별들의 전쟁

하늘은
내일을 보는
거울이다

하늘을 우러러
한 점
부끄러움이 없는 자여
그대의
별은 빛나고 있는가

죄인이
죄인을 심판하는
청문회는
별이 없는 하늘이다

별들의 전쟁은
낙석落石일 뿐
별이 아니다

의인은 없나니
하나도
없나니……

하늘은
내일을 보는 거울이다

별과 숟가락

윗집에서
꾸어 온
쌀로
밥을 짓는
엄마의 부엌엔 태양이 떴다

밥을 뜨는
아이들 밥숟가락엔
별이 떴다

아버지를 기다리는
노을은
지지 않았다

펑
펑
펑
울어대는 대포 소리도

이제는
이제는 어둠이 먹어 버렸다

　　　* 1950년 8월 일기

door, 없는 봄

내다보는 봄
꽃도 피고
잎도 푸른데
천리향은 간 데 없네
바람은
쇼스타코비치 왈츠
마스크!
마스크 행렬
목마른 녹음방초
아, 아, 아—
door, 없는 봄이여!

그 깃발이…

아파트 벽 사이로
지나가는 자동차가 보인다
왜?
눈물이 나는 걸까

살아 있음에
생존! 그
기쁨일까! 슬픔일까?

아마도 그건
서러운 감사이리라

마스크 한 장에
호흡의 끈을 조이며
살아가는 하루하루

내다보는
세상은
來日이 흐리다

아직은
대지에 꽂힌 붉은 태양

그 깃발이
꽃가지를 흔들어

봄을 깨운다

하늘이
비를 내리는
창문의 기도

서러운 바람이 인다

3月의 기도

어쩌다
찍힌 사진 한 장
흰 마스크 무리

섬찟한
회색 실루엣

그건
살아 있는
좀비, 그 노출된
해골의 도시를 본다

3月의 빛은
그곳에 있을까

오—! 하나님!
에스겔 골짜기
그 마른 뼈에
생기를 불어넣어 주소서!

선한 사람으로
다시

살아나게 하소서!

밝은 태양의 도시로……

먼지

조용히 내려앉은
먼지가 외롭다

탁자와
스탠드 램프
그 의자에 내려앉은
잿빛 시간들이여

아,
이제 창문을 열고
저 태양이 맺힌
나뭇잎, 그 찬란한 빛을 보라

아!
먼지가
우주로 날아가고 있네

돌미나리

돌미나리
물김치에
보리 국수
휘휘 저어
해물파전
황새기젓*
소반 위의
초여름 날
이만하면
고향 밥상
내 어머니
아니던가

* 황새기젓: 황석어젓. 5월에 담그는 참조기 젓

Santa Claus

사락사락
종소리——
꽃눈이 나린다

당근 코
눈사람은
크리스마스 지팡이를 들었다

빨강, 초록빛
산타 모자를 쓴
7마리 사슴이 썰매를 타고
휙—휙 달린다

트리 전구가 반짝이는
지붕마다
산타 자루를 내려 주었다

"???????"

Santa Claus 할아버지는
2021. '비대면!'
팬데믹 없는, 사슴 택배—^^

아—하!

Happy Birthday to Jesus!

공해公害

하늘에
꽃을 심고
구름에
채소 심어
바람이 거두어야 하리

이
공해公害
그
땅과
바다에
무엇을 심어
무엇을 거둬야 하나

아,
나무가 자랄 땅은 어딘가

제4부

핀란드

핀란드
함브루크의 4월
쿠바의 햇살
블룸즈버리
파수꾼의 조명
5월의 窓
수레바퀴 꽃
새장 안에서……
사슴 마차
빈티지 낭만

봄의 변주곡
밤의 이방인
바람의 시
美國과 米國
모래꽃
멕시코 사람들
동이 트는 그리스
허공의 악수
총과 사랑
푸른 박새

핀란드

녹빛 침엽수
숲에
하얀 눈이 내리면
호수는
파란 눈을 뜬다

순록 방울 소리
빨간
산타 마을

아, 핀란디아!

칼을 녹여
우뚝 세운 24톤 강철
거대한 파이프 오르간 모형
그 웅장한 음향은
시벨리우스 교향곡
독립 메가 포르테

빌딩 높이로
국격을 과시하지 않는 나라
자연 환경 하모니

시청 광장에
농산물 시장이 서는 나라
그 marketplace에는
헬싱키 시장이 시민과 함께
손수 장을 보는 곳
그날의 물가를 배우는
field 정치인

아, Finlandia!
제2의 애국가 환상곡
자연과 사람 그
음표로 그려지는
물과 숲의 大國

겨울이 아름다운 나라
오로라— 그 찬란한
창조의 빛!

오, 메리 크리스마스
God Bless……!

함브루크의 4월

눈가루만
쏟아져 내리는 서글픈 어망
어부의 손끝은 시리다
기댈 곳 없는
선술집
흔들리는 물고기 간판
노을이 머문다
빈 어망이
서글픈 해질 무렵
발길 없는
주점엔
녹슨 魚尺 간판만
수평선에 걸린
한 뼘 노을
마도로스라고도 할 수 없는
구멍난 청바지
희끗한 머리에
4월 하늘이 내린다
방향 잃은 분분한 눈발
비틀즈의 목청을 세운 Pub
그 환호의 환청— 4월
함부르크 어항, 그 늘어선 주점엔

주인 없는
술잔 하나
목이 긴 탁자는, 겨우
지름이 30센티미터
너무 다리가 긴 높은 의자
잠시 걸터앉아
바다 소리에 귀를 기울여
들어오는 배를
기다리는
여인의 목은 길다

쿠바의 햇살

그들은
햇살을 먹고 산다
바람을 마시며
노래하며 산다
사탕수수
시가를 디자인하며
올드 카를 타고 산다
아바나 그
높은 언덕에는 희고
거대한 예수 동상이
청보석 빛 카리브해를 거닌다
『노인과 바다』를 지키며
헤밍웨이 낚싯대를 본다
『누구를 위하여 종은 울리나』
오늘도 성당의 촛불은 기도를 태우고
재즈가 살아 있는 거리는
태양이 지지 않는다

블룸즈버리

Woolf의 봄은
보라색
안개 젖은 Bloomsbury
버지니아 울프
그 마을엔
아직도
가스등이 졸고
그녀의
머―언 강변
맨발,
발자국이 없는
두꺼운 안개
그래도
그 위에는
하늘이 있다는 걸
알아야 했다
하늘의 눈빛, 파란
그 사랑을―

파수꾼의 조명

파수꾼
조명처럼
2月의
햇살은
국경선을 넘나든다

동장군冬將軍이
드디어
힘을 잃어가는 걸
여우같이 눈치를 챈 거다

빌딩 벽에서
낮은 집 모퉁이로—

여자아이
망토 자락만 한
노란 햇볕이 춤을 춘다

파수꾼의 조명처럼……

5월의 窓

창문턱까지
내려앉았던
회색빛 하늘
번쩍 눈을 뜬 나뭇잎들이
파랗게 밀어낸다
웃자란 대나무, 드높이
흰 조각구름
그 바람! 그 태극기!
푸르게
푸르게
나무도
어린이도 자라는
초록색 호수
헤엄치는 그 잉어
그건
아이들의 성공
건강
장수
그 상징, 금빛 잉어
아, 찬란한 오월이여—!

수레바퀴 꽃

녹슨
수레바퀴
민들레꽃 한 송이

그것은
홀씨의 전설

시간이
피워 낸 사랑
수레바퀴 꽃

여행지
어디서나
미소를 보내 주는
노랑 민들레꽃!

새장 안에서……

이름 모를 새 한 마리
참새도 아닌 것이
종달새도 아닌 것이
겁 없이 날아가네
봄빛 이는
결 고운 날개
새장에서 풀려나
천공을 나는 새여
높이, 더 높이 날아가라
새장에 갇혀 보니
팔색조도 덧없네
훨— 훨—
이름 없는 새 한 마리
靑空을 날아가네

사슴 마차

그
우수가 아름다운
러시아 시골길에
눈이 나린다

시화詩畫적
감수성이
머—언 길을 간다

빨간
사슴 마차는
산타 수염을 날리며—

빈티지 낭만

피자를 먹고
콜라를 마시며
오래된 시간을 거니는
빈티지 낭만
왠지
눈물겨운
낡은 한옥
좁다란 골목
그 정이 그리운
협소한 사랑이
꽃피는
익선동 Cafe—!
스마트폰에
르누아르 여인들의 포즈
아,
익선동 타임 슬립이여—!

봄의 변주곡

짐을 싣고
내리는 사람들

만나고
헤어지는 교차로

터미널에
비가 나린다

서로 다른
방향으로
멀어져 가는 사람들

누군가
놓고 떠난
빨간 우산 하나

텅 빈
봄의 변주곡—

밤의 이방인

늦가을
낙숫물 소리
뚜—두둑
이방인의 밤

아련히 흔들리는
창문의 불빛

뚜—두두둑
문고리 흔드는
이방인의 밤이여

기다리는 저
새벽 기차 소리는
머—언데

눈을 감아도
보이는
고향 사람들이여

"아, 어서 오게나!"

바람의 시

바람이 부는 날이면
에드가 앨런 포, 그의 목소리는
도시 거리거리에서
해제되이 떠돈다
목쉰 소리로—
애너벨 리—! —벨 리……
저 별들은 너의 눈동자
보랏빛 쿠션, 그 품에서
나는…… 지금도— 지금도, 너를…… 보네
필라델피아, 그 작은 집에서
볼티모어, 뉴욕 그 골목골목—
우리가 함께한 날들은…… 어디로—
아, 겨우 나의 외투 자락에서 잠든 너를……
이젠, 어디서— 어디서……
그러나
차가운 바람은 말한다
"Nevermore"
"Nevermore—!"

美國과 米國

멀어도
가까운 나라 美國
그곳엔
나의 첫사랑
형제가 사는 나라
그래서
나에겐 아름다운 나라

가까워도
머―언 나라는
그 아메리카를
쌀 米!
米國이라고 표기한다

우정에서 美를 삭제해도
사쿠라 미소만 날리면
절친切親이 되는 것일까?

모래꽃

8월 그
머무는 태양이
내 방으로 들어온다
심연의
분홍빛 Bluming
먼 옛날
그 기억의 프레임이
걸어나온다
금빛 햇살이 쏟아져 내리던
그 강변의 노래가
하얀 모래꽃으로 피어난다
아, 그날의
흔들리던 나뭇잎 사이로
그렇게
지지 않는 꽃이 다가온다

멕시코 사람들

선인장을 닮은
무언의 깊은 눈빛
정열을 삼킨
초연한 역사의 긍지
어느 날, 내 땅에 그어진
국경선의 암묵暗默
Buenas Noches!(Good Night)
어두운 이 밤을
내일의 태양으로 보는
그 밤 인사의 낭만은
별이 되어
이방인의 길을 열어 간다
정을 안으로 담은
의연한 예의, 그
여운이 긴— 멕시코 사람들!

동이 트는 그리스

그리스는
서양의 현관
들어서는 창문으로
동이 트는 그리스가 들어온다
아, 지오나! 아덴의 명산이여!
고요히 밝아오는
그 성스러운 빛
숨쉬는 것도 잊었네
옥색으로
깨어나는 하늘빛
서서히 붉어지는
자몽 빛 雪山
눈이 녹아 흐르는
아소포스 강변 그 목초지 꽃들
그리스 정교회 파란 지붕 위에
올리브
그 잎을 문
하얀 비둘기가 날아올랐다

허공의 악수

나뭇잎이
비에 젖고 있다
슬픈 초록빛이다
빗물이 흘러내리는
뿌연 창문 그
하노이, 그
먼 땅의 평화는
허공의 악수
저무는 이방의 밤은
얼굴 없는 이별
각자의 트랩으로 돌아서는
그 두 정상
아,
흔들리는 열대熱帶 그
이름 없는 나뭇잎
비가 내린다

총과 사랑

총이
말하는 나라는
지옥불

사랑이
말하는 나라는
샬롬!

1%
사랑, 그 위력은
지구를 움직이는 힘!

아, 사랑 그
하나님으로부터
태어난 자여

총을 버려라!

그대의 손에
축복이
넘쳐나리라

푸른 박새

여름 강물은
아직도 타고 있는데
머뭇머뭇 다가오는
가을, 그 9月은
창백한 들국화
한 송이를 꺾어 든다
머―언 길을 떠나는
푸른 박새는
서로의 깃털을 여며 주고
어수선한 바람에
야생 꽃들은 나부낀다
초원은 우수에 잠기고
솔잣새는 두리번거린다
아, 빨간 장미 씨앗을 찾아
날아가는
붉은 새여!

라일락, 그 향기

이 명 희 시집

●

초판인쇄 | 2025년 11월 1일
초판발행 | 2025년 11월 5일
지 은 이 | 이명희
발 행 인 | 김영선
펴 낸 곳 | 훈맥문학출판부
　　　　　서울시 서대문구 통일로 479-5
　　　　　등록 1995년 9월 13일(제1-1927호.)
　　　　　전화 02)725-0939, 725-0935
　　　　　팩스 02)732-8374
　　　　　이메일 hanmaekl@hanmail.net

●

값/ 15,000원

●

ISBN 979-11-93702-28-4

이명희 시인은 시를 위해 태어난 사람 같다.
우선 시의 구조면으로 짧은 형태의 시가 눈에 크게 보였고 따라서 표현면에서도 간결하면서도 섬세한 표현 기술이 잘 드러나 있다.
그의 독특한 시어 구사와 함께 사물이 본질적으로 지니고 있는 모습을 밖으로 드러내는 형상화 과정도 아주 독특했던 것이다.
그의 시 세계는 세련된 지성과 신앙이 조화 되어 맑고 따뜻하다.

— 李姓敎(원로 시인, 성신여대 명예교수)

— 현처럼 울리는 시편들—

나는 이명희 시인의 시를 좋아한다. 그의 시는 진솔하고 간결하며, 심상이 깊고 고요하다. 이렇게 조화된 그의 시 앞에서 나는 놀라고 감동한다.

— 김년균(시인, 전 한국문인협회 이사장)

시는 시인의 마음을 언어로 그리는 그림이다.
이명희 시인은 시적 감각이 예리하다. 삶의 의미가 압축된 사랑과 진실의 색채를 그만의 시어로 그려 낸 매타포가 아름답다.

— 이창년(원로시인)